1. Lesestufe

Doris Arend

Schulgeschichten

Mit Bildern von Sabine Kraushaar

Ravensburger Buchverlag

Bibliografische Information der Deutschen Nationalbibliothek:

Die Deutsche Nationalbibliothek verzeichnet diese Publikation
in der Deutschen Nationalbibliografie.
Detaillierte bibliografische Daten sind im Internet
über **http://dnb.d-nb.de** abrufbar.

1 2 3 14 13 12

Ravensburger Leserabe
© 2012 Ravensburger Buchverlag Otto Maier GmbH
Umschlagbild: Sabine Kraushaar
Umschlagkonzeption: Sabine Reddig
Redaktion: Claudia Ondracek
Printed in Germany
ISBN 978-3-473-36282-0

www.ravensburger.de
www.leserabe.de

Inhalt

Ein Papagei im Klassenzimmer   4

In der Bücherei   14

Sari ist neidisch   24

Der neue Lehrer   32

Leserätsel   40

Ein Papagei im Klassenzimmer

Die Kinder in der 1a rechnen.

Es sind schwere Aufgaben.

Tobias rauft sich die Haare.

Eva beißt sich auf die Lippen.

Tim starrt in die Luft.

„Putzi pupst!", ruft da jemand.

„Ruhe!", sagt Frau Geck, die Lehrerin.

„Ruhe!", ruft die Stimme zurück.

Ganz schön frech!

Wer traut sich denn so was?

Alle schauen zum offenen Fenster.

Dort sitzt ein Papagei.

Er flattert ins Klassenzimmer.

Was nun?

Der Papagei ist bestimmt entflogen.

„Wir müssen ihn fangen!",
rufen die Kinder.

Tobias schließt schnell das Fenster.

Frau Geck streckt die Hand aus.

Doch der Papagei

landet auf ihrem Kopf.

„He!", ruft Frau Geck erschrocken.

Da fliegt der Papagei
auf eine Girlande.
Eva zieht daran.

Der Faden der Girlande reißt.
Alle gebastelten Blumen
purzeln herunter.
Der Papagei flüchtet
auf die Landkarte.

Tim rennt los.
Er stolpert und hält sich
an der Landkarte fest.
Die ganze Welt kracht herunter.

Da wird die Tür aufgerissen.
„Was ist denn das für ein Lärm?",
fragt der Direktor streng.
Der Papagei fliegt zum Direktor.
Er landet auf seiner Schulter.

„Putzi, wo kommst du denn her?",
fragt der Direktor erstaunt.
„Sockenstinker! Sockenstinker!",
ruft der Papagei.
Was für ein komischer Spitzname!
Der Direktor wird ganz rot.

In der Bücherei

Die Klasse 2c besucht die Bücherei.

Jeder Schüler darf ein Buch lesen.

Moritz hat gar keine Lust.

Er schlägt irgendein Buch auf.

Piraten stürmen heraus.
Erschrocken klappt Moritz
das Buch wieder zu.
Die Piraten verschwinden.
Er öffnet das Buch noch einmal.

Wieder stürmen Piraten heraus.

Sie rasseln mit den Säbeln.

Sie rollen mit den Augen.

Sie heben drohend die Faust.

Aber Moritz hat keine Angst.
Er spielt selbst gerne Pirat!
„Wo kommt ihr denn her?",
fragt er erstaunt.

17

Da erzählen ihm die Piraten
von ihrem großen Abenteuer:
Hundert Tage waren sie auf See.
Hundert Schiffe haben sie überfallen.

Dann kam ein großer Sturm.
Das Schiff ist gekentert.
Schmuck und Gold
sind im Meer versunken.

Die Piraten haben sich
auf eine Insel gerettet.
Die Geschichte ist aus!
Die Piraten springen zurück ins Buch.

Moritz sieht sich um.

Keiner hat etwas bemerkt.

Moritz öffnet ein anderes Buch.

Ein Drache fliegt heraus.

Moritz vergisst alles um sich herum.

„Moritz!", ruft der Lehrer da.
„Wo bleibst du denn?
Leih dir das Buch doch aus
und bring es morgen zurück!"

„Bis später", wispert Moritz
dem Drachen zu.
Der winkt und verschwindet im Buch.
Das wird ein spannender Abend!

Sari ist neidisch

Sari mag keinen Sport.

Sie stolpert immer über ihre Füße.

Sie fällt immer auf die Knie.

Sie ist immer die Letzte.

Heute ist Sportfest.

Die Kinder beginnen mit Weitsprung.

Lilli springt weit.

Noor springt weit.

Maja springt am weitesten.

Sari springt auch.

Aber sie landet kopfüber im Sand.

„Warum spring ich nur nicht so weit
wie Maja?", seufzt Sari.

Nun kommt der 100-Meter-Lauf.

Sari läuft, so schnell sie kann.

Da passiert es:

Sie stolpert und fällt auf die Knie.

Lilli überholt sie.

Noor überholt sie.

Maja ist schon längst im Ziel.

„Warum lauf ich nur nicht so schnell
wie Maja?", seufzt Sari.

Am nächsten Tag haben
die Kinder Musikunterricht.
Lilli spielt auf ihrer Geige.
Noor spielt auf ihrer Flöte.
Maja spielt kein Instrument.

Sari setzt sich an den Flügel.
Ihre Hände laufen über die Tasten.
Ihre Finger springen hin und her.
Ganz schnell!

Sari spielt so schön.
„Das würde ich auch gerne können!",
seufzt Maja.

Der neue Lehrer

Der Direktor wartet in der 1b.
Heute kommt ein neuer Lehrer.
Die Kinder schauen gespannt
zur Tür.

Ein Mann kommt herein.
„Da sind Sie ja endlich!",
ruft der Direktor.
„Ich muss dringend weg!"
Und schon ist er verschwunden.

Der Mann lacht.

„Hallo, Kinder, ich bin Herr Fuchs."

Er holt ein Kartenspiel heraus.

Lia zieht eine Karte.

Das rote Herz-Ass.

Herr Fuchs mischt die Karten
und zieht eine heraus.
Das rote Herz-Ass!
Wie hat er das nur gemacht?

Herr Fuchs nimmt ein Tuch
und macht einen Knoten hinein.
Er zieht an den Enden.
Auf einmal sind es zwei Tücher.

Die Kinder staunen.

Da geht die Tür auf.

Der Direktor kommt herein und sagt:

„Sie sind gar nicht der neue Lehrer."

„Nein", sagt Herr Fuchs.

„Ich bin der neue Hausmeister.

Aber Sie waren schneller verschwunden,

als ich einen Hasen

aus dem Zylinder zaubern kann."

„Super!", rufen die Kinder.
„Ein Hausmeister, der zaubern kann!
Jetzt werden die Pausen
bestimmt noch lustiger."

Leserätsel

mit dem Leseraben

Super, du hast das ganze Buch geschafft!
Hast du die Geschichten ganz genau gelesen?
Der Leserabe hat sich ein paar spannende
Rätsel für echte Lese-Detektive ausgedacht.
Wenn du Rätsel 4 auf Seite 42 löst, kannst du
ein Buchpaket gewinnen!

Rätsel 1

In dieser Buchstabenkiste haben sich vier Wörter
aus den Geschichten versteckt. Findest du sie?

A	K	F	H	A	S	E
I	L	A	Q	B	G	P
P	A	P	A	G	E	I
E	V	S	F	U	V	R
L	I	U	C	H	N	A
M	E	N	L	G	D	T
O	R	K	E	X	S	T

Rätsel 2

Der Leserabe hat einige Wörter aus den
Geschichten auseinandergeschnitten.
Immer zwei Teile ergeben ein Wort.
Schreibe die Wörter auf ein Blatt!

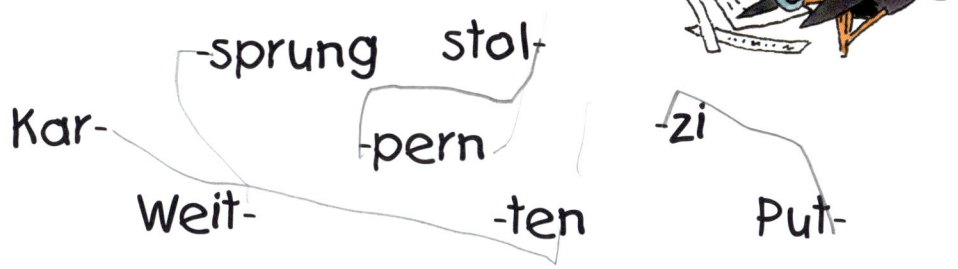

-sprung   stol-

Kar-   -pern   -zi

    Weit-   -ten   Put-

Rätsel 3

In diesem Satz von Seite 19 sind sechs falsche
Buchstaben versteckt. Lies ganz genau und trage
die falschen Buchstaben der Reihe nach in die
Kästchen ein.

Schmuck Kund Gnoldo
stind ime Mener versunken.

K	n	o	t	e	h
1	2	3	4	5	6

Rätsel 4

Beantworte die Fragen zu den Geschichten.
Wenn du dir nicht sicher bist, lies auf den Seiten
noch mal nach!

1. Was ruft der Papagei dem Direktor zu? (Seite 13)

    D : Sockenstinker!

    T : Faule Socke!

2. Was passiert Sari beim 100-Meter-Lauf?
   (Seite 27)

    K : Sie knickt mit dem Fuß um.

    C : Sie stolpert und fällt auf die Knie.

3. Wer ist Herr Fuchs? (Seite 38)

    U : Der neue Lehrer.

    E : Der neue Hausmeister.

Lösungswort:

D	R	A	C	H	E
1			2		3

Rabenpost

Jetzt wird es Zeit für die Rabenpost! Besuch mich doch auf meiner Homepage **www.leserabe.de** und gib dort unter der Rubrik „Leserätsel" das richtige Lösungswort ein. Es warten außerdem noch tolle Spiele und spannende Leseproben auf dich! Oder schreib eine E-Mail an **leserabe@ravensburger.de**. Jeden Monat werden 10 Buchpakete unter den Einsendern verlost! Natürlich kannst du mir auch eine Karte schicken.

An den LESERABEN
RABENPOST
Postfach 2007
88190 Ravensburg
Deutschland

Ich freu mich immer über Post!

Dein Leserabe

Ravensburger Bücher

1. Lesestufe für Leseanfänger ab der 1. Klasse

Feengeschichten
Vanessa Walder · Betina Gotzen-Beek

ISBN 978-3-473-**36204**-2

Ein Schultag voller Abenteuer
Spannende Schulgeschichten
Martin Klein · Susanne Schulte

ISBN 978-3-473-**36389**-6

Pimpinella Meerprinzessin und der Delfin
Usch Luhn · Betina Gotzen-Beek

ISBN 978-3-473-**36322**-3

2. Lesestufe für Leseanfänger ab der 2. Klasse

Das Detektivpony
Lustige Ponygeschichten
Heike Wiechmann

ISBN 978-3-473-**36325**-4

Fußballgeschichten
Leopé

ISBN 978-3-473-**36372**-8

Das Hexeninternat
Claudia Ondracek · Silke Voigt

ISBN 978-3-473-**36395**-7

3. Lesestufe für Leseanfänger ab der 3. Klasse

Die Schatzinsel
Erzählt von Ingrid Uebe

ISBN 978-3-473-**36329**-2

Verschwörung um Tutanchamun
Fabian Lenk

ISBN 978-3-473-**36259**-2

Das trojanische Pferd
Erzählt von Manfred Mai

ISBN 978-3-473-**36399**-5

Ich habe mein nächstes Buch schon gefunden. Und du?

www.leserabe.de

Ravensburger

ERZ_11_007